Raoul Lajoye

Avocat à la Cour d'appel

LA

EMME

POLITIQUE

« Femme si doit garder l'hôtel,
le feu et les enfants. »

(Coutume de Bretagne.)

PARIS

A. DURAND et PEDONE-LAURIEL, Éditeurs

LIBRAIRES DE LA COUR D'APPEL ET DE L'ORDRE DES AVOCATS

G. PEDONE-LAURIEL, Successeur

13, rue Soufflot, 13.

—

1891

DU MÊME AUTEUR :

Études sur le Code pénal. — *1re Partie :* 1o De la moralisation des condamnés; — 2o De la préméditation dans le parricide et dans l'infanticide; — 3o Le sursis et le pardon en Angleterre; — 4o De la récidive. — *2e Partie :* 1o Du Jury correctionnel; — 2o De la vente du gibier en temps prohibé; — 3o Les conseils de guerre; — 4o Le duel; — 5o De la recherche de la paternité. — *3e Partie :* L'Ordonnance criminelle de 1670. . . . . 1 vol.

L'Éducation correctionnelle en Angleterre, aux États-Unis et en France. . . . . 1 vol.

La Loi du pardon. — Étude historique suivie de plusieurs articles parus dans les journaux judiciaires de 1879-80 et 81. . . . . 1 vol.

La Femme en prison; *le transfèrement des réclusionnaires en Algérie;* articles divers parus dans les journaux et publications de 1881-82-83 . . . . 1 vol.

La Chronique de Melun et de son district en 1792 et 1793 . . . . 1 vol.

De la Bonne Foi dans les Contraventions. . . 1 vol.

Quelques questions de Chasse *(5 séries).* . . . . 5 vol.

Le Retour a bonne Fortune. — Étude sur la réhabilitation des faillis. . . . . 1 vol.

Bains de mer et Préfets . . . . 1 vol.

Petit Dictionnaire de jurisprudence a l'usage des chasseurs. . . . . 1 vol.

En préparation :

Mes Vingt-huit Jours en Russie. . . . . 1 vol.

LA
FEMME POLITIQUE

RAOUL LAJOYE

Avocat à la Cour d'appel

LA

FEMME

POLITIQUE

« Femme si doit garder l'hôtel,
le feu et les enfants. »

(Coutume de Bretagne.)

PARIS

A. DURAND ET PEDONE-LAURIEL, EDITEURS
LIBRAIRES DE LA COUR D'APPEL ET DE L'ORDRE DES AVOCATS
G. PEDONE-LAURIEL, SUCCESSEUR
13, rue Soufflot, 13.

—

1891

A Madame Henri PETTIT

Hommage affectueux de son frère.

2 octobre 1891.

R. L.

AUX FEMMES

Cette *modeste étude est des-*
*tinée à la Femme : nous lais-*serons de côté tout ce qui pourrait faire croire à une érudition que nous n'avons pas, et nous nous con-tenterons d'exposer les faits dans leur simplicité, nous en rapportant au bon sens de nos lectrices.

Les femmes doivent-elles être appelées à s'occuper de politique ?

Toute la question est là.

A notre avis, les devoirs de la femme sont déjà bien assez grands sans qu'il soit utile de chercher à leur imposer de nouvelles charges.

Si le parti soi-disant progressiste l'emporte, la femme devra alors forcément opter entre la politique et la famille, faute de temps pour s'occuper de tout à la fois. Mais l'auteur connaît assez l'esprit féminin pour avoir la moindre crainte sur cette option, sachant bien que le choix est déjà fait dans le cœur de nos épouses et nos filles.

C'est donc avec toute confiance qu'il remet la cause entre leurs mains.

10 mars 1891.

LA FEMME POLITIQUE

I.

« F EMME si doit garder l'hôtel, le feu et les enfants, » disait la vieille coutume de Bretagne, et ce qui était vrai du temps de nos ancêtres est encore vrai aujourd'hui.

Dans notre fin de siècle qui marche à la vapeur et à l'électricité, les esprits surchauffés veulent le progrès partout, et, en face des résultats presque surnaturels que donne la science industrielle, il leur semble que tout doit être modifié dans des proportions aussi gigantesques.

Les efforts d'un certain nombre de ces esprits tend notamment à donner à la femme un rôle supérieur et à la rendre l'égale de l'homme au point de vue public et politique comme au point de vue civil.

En ce qui touche les droits civils, rien de mieux, et des écrivains comme les Laboulaye, les Gide, ont été les premiers à prendre la défense de la femme, lorsqu'il ne s'agissait que de partager également la propriété; la femme, tout aussi bien que l'homme, est capable de succéder, de gérer, de donner ses biens, alors surtout qu'elle est libre.

Mais la question prenant des proportions plus larges, si l'on arrive à examiner quelle peut être la capacité de la femme dans l'exercice des droits publics et politiques, ceux-là même, qui protégeaient la femme lorsqu'il fallait faire respecter ses droits civils, deviennent ses adversaires les plus sérieux quand on parle d'élever la femme aux fonctions et aux honneurs.

« La capacité des femmes pendant le moyen âge, dit Laboulaye, a été (sauf les privilèges du fief) à peu près ce qu'elle est aujourd'hui; en d'autres termes, hormis le pays où la femme a été soumise à la tutelle agnatique, la capacité civile des femmes a été aussi étendue que celle des hommes; mais on leur a refusé généralement cette autre capacité que j'ai nommée *civique*, et qui consiste à remplir certaines fonctions d'intérêt public, telles que celles de magistrat, de juge, d'officier de justice, de témoin, etc... »

Est-ce là une erreur? Est-ce de la routine que de vouloir maintenir les vieux usages à cet égard?

Dans l'antiquité, à Athènes, à Rome, et ensuite dans les nations du moyen âge, n'était-ce pas un tort de condamner la femme à rester la gardienne vigilante du foyer conjugal? Le rôle de la femme actuellement ne doit-il pas grandir, et sa place n'est-elle pas indiquée près de l'homme, mais avec une autorité égale à celle de celui qui jusqu'à ce jour était son maître et son protecteur?

C'est l'avis de ces esprits exaltés, et, de bonne foi, ils croient faire merveille en bouleversant les lois de la nature.

C'est en effet un véritable bouleversement : mais est-il possible en pratique?

Non, toutes ces théories sur la capacité de la femme ne résisteraient pas à la pratique parce que la femme n'est pas faite pour commander.

Le commandement exige l'autorité, et l'autorité demande la force : c'est précisément la force qui manque à la femme, non seulement la force morale, mais surtout la force physique.

L'argument est brutal; il est terre à terre, si vous le voulez, mais il est indiscutable.

Supposez, pour un instant, que ces idées d'égalité viennent à être adoptées : voici la femme qui vote; elle entraîne les majorités derrière elle; les fonctions publiques passent dans ses mains; elle a la toute-puissance; à elle le gouvernement, les fonctions publiques, le pouvoir exécutif; l'armée elle-même a suivi le courant; partout c'est la femme qui commande.

Survient un désaccord (ce n'est pas chose rare en ce monde). Après échange de mots plus ou moins aigres, la lutte s'accentue ; enfin, on en arrive aux coups. Que deviendra l'autorité de la femme en face de la force de l'homme ?

Vaincue, la femme retombera plus bas qu'elle était avant d'avoir envié les honneurs, et ce ne sera que la conséquence nécessaire de sa faiblesse naturelle.

C'est la question vue au point de vue pratique.

Je sais bien que ce raisonnement brutal indignera les défenseurs de la femme, et ils m'accuseront de condamner le sexe féminin à un servage perpétuel.

Je répondrai que la femme n'est

pas l'esclave, mais la compagne de l'homme, et que son autorité vaut celle de l'homme, mais à la condition de l'exercer là où la force n'est pas nécessaire, c'est-à-dire au foyer conjugal.

« La maison conjugale, dit Laboulaye, tel est le domaine paisible où la femme doit régner sans partage ; c'est là que se trouve le bonheur pour elle, pour ses enfants, pour son époux, et non dans ces agitations de la vie publique, où l'homme lui-même perd la sérénité de son âme et n'est bientôt plus maître de son cœur... »

Paul Gide, dans son *Étude sur la condition privée de la Femme*, est-il d'un avis différent ?

« C'est dans l'intérêt de l'ordre et des bonnes mœurs, dit-il, que tous les législateurs ont, d'un commun accord, refusé à la femme toute participation aux droits politiques. De tout temps l'instinct des peuples a senti que la femme, en sortant de l'ombre et de la paix du foyer pour s'exposer au grand jour et aux agitations de la place publique, perdrait quelque chose du charme qu'elle exerce et du respect dont elle est l'objet. La thèse de l'égalité politique des deux sexes, soutenue naguère encore par un publiciste dont le talent égale la témérité (J. Stuart Mill, *le Gouvernement représentatif*, ch. VIII), n'est aujourd'hui et ne sera peut-être jamais qu'un brillant paradoxe. Aussi, n'est-ce point de cela qu'il est question; que la loi renferme la femme dans le cercle de la vie privée, j'y consens; mais que, du moins, dans cette humble sphère, elle la laisse libre et active. Si elle va plus loin, si elle la frappe d'incapacité et d'impuissance jusque dans ses relations civiles, alors, loin de protéger la moralité publique, elle lui devient funeste : en apprenant à l'homme à ne voir dans sa compagne qu'un être d'une nature inférieure, incapable ou indigne de s'associer à lui dans les actes les plus sérieux et les intérêts les plus graves de son existence, la loi flétrit au cœur de l'homme ce sentiment de respect pour la femme, qui est la source pure et féconde où s'alimentent les vertus privées et les mœurs publiques. L'histoire tout entière en fait foi : à chaque pas nouveau qu'a fait la femme vers l'égalité civile, l'on a vu les mœurs publiques s'épurer ou s'adoucir. »

II.

LE comte de Las Cazes, dans le *Mémorial de Sainte-Hélène*, rapporte cette anecdote : « Mme de Staël interpella Napoléon au milieu d'un grand cercle, lui demandant quelle était, à ses yeux, la première femme du monde, morte ou vivante.

— Celle qui a fait le plus d'enfants, répondit Napoléon avec beaucoup de simplicité. »

C'est aller trop loin, et le rôle de la femme ne consiste pas uniquement à « faire des enfants », ou bien encore à se renfermer dans les soins du ménage, comme le chante Virgile :

... Interea longum cantu solata laborem,
Arguto conjux percurrit pectine telas,
Aut dulcis musti vulcano decoquit humorem,
Et foliis nudam trepidi despumat aleni'...

La femme, tout en ne négligeant pas sa maison, tout en surveillant la préparation des mets et en tissant au besoin les étoffes nécessaires pour couvrir les épaules de son mari, comme c'était l'usage à Rome, peut

---

1. Leur compagne, près d'eux, partageant leurs tra-
Tantôt d'un doigt léger fait rouler ses fuseaux ; [vaux,
Tantôt cuit dans l'airain le doux jus de la treille,
Et charme par ses chants la longueur de la veille.

Delille.

prétendre à une situation plus élevée « dans l'humble sphère » du foyer conjugal.

Ne serait-ce que l'éducation de ses enfants qui dût l'occuper : combien déjà est lourde la tâche lorsque la femme remplit consciencieusement sa mission !

Sans compter les longs mois qui précèdent la naissance de l'enfant, les fatigues qui accompagnent l'allaitement, toutes les charges enfin qui accablent la mère de famille, digne de ce nom, des préoccupations tout aussi graves ne viennent-elles pas sans cesse s'accumuler autour de la femme, au milieu des tracas de la vie?

Une épreuve frappe-t-elle le mari, c'est à sa compagne qu'il confiera ses plus secrètes pensées et c'est à elle qu'il devra de reprendre courage, car seule elle s'intéresse véritablement à lui; je ne compte pas les maladies qui peuvent frapper l'homme et que le dévouement de la femme sait adoucir.

Il faut à la femme une situation d'esprit qui lui permette d'être toujours prête à repousser toutes les attaques qui ne manqueront pas d'assaillir son bonheur, et son rôle ne consiste pas uniquement à « faire des enfants ».

« Quand donc aurions-nous le temps de nous occuper de politique, nous disait sagement une mère de famille! Lorsque nous avons veillé à l'entretien de la maison et à l'éducation de nos enfants, lorsque nous avons préparé le repas de notre mari qui rentre exténué de fatigue, lorsqu'enfin nous avons remis un peu d'ordre dans notre ménage, la nuit est venue et c'est le repos qui nous est nécessaire... Il faut n'avoir pas d'enfants ou n'être pas mariée pour rêver à de pareilles chimères! »

Le raisonnement de cette mère de famille, lui aussi, est bien terre à terre, mais il est essentiellement vrai.

Thomas, de l'Académie Française, dans son *Essai sur le caractère des*

femmes, comprenait bien leur faiblesse :

« Si l'on parcourt les pays et les
siècles, on verra presque partout
les femmes adorées et opprimées.
L'homme, qui n'a jamais manqué
une occasion d'abuser de sa force,
en rendant hommage à la beauté,
s'est surtout prévalu de leur faiblesse. Il a été tout à la fois leur
tyran et leur esclave. La nature elle-
même, en formant des êtres si sen-
sibles et si doux, semble s'être bien
plus occupée de leurs charmes que
de leur honneur. Sans cesse envi-
ronnées de douleurs et de craintes,
les femmes partagent tous nos maux
et se voient encore assujetties à des

maux qui ne sont que pour elles. Elles ne peuvent donner la vie sans s'exposer à la perdre. Chaque révolution qu'elles éprouvent altère leur santé et menace leurs jours. Des maladies cruelles attaquent leur beauté, et quand elles échappent à ce fléau, le temps, qui la détruit, leur enlève tous les jours une partie d'elles-mêmes. Alors elles ne peuvent plus attendre la protection que des droits humiliants de la pitié, ou de la voix si faible de la reconnaissance... »

Exclamation douloureuse mais encore pleine d'actualité, bien que près d'un siècle ait passé ! La femme, quoi qu'on dise, restera toujours une créature « environnée de douleurs et de craintes », et ce n'est pas en la jetant dans le courant des passions politiques qu'on lui donnera des forces nouvelles.

Et quel avantage trouvera donc l'homme à transformer la nature de la femme en la forçant à partager sa tâche déjà si lourde pour lui-même ?

La Providence n'a-t-elle pas bien fait les choses en donnant à chacun son rôle tel qu'il existe aujourd'hui ?

L'homme, dont le devoir est de travailler pour nourrir sa famille, de lutter pour la défendre contre les dangers, l'homme, sous le poids de la fatigue, après avoir accompli sa tâche, que deviendra-t-il si, l'épreuve passée, il ne trouve pas un repos

mérité près d'une compagne dévouée,
un éclair de bonheur en réunissant
autour du foyer les enfants, et ce cri
du grand poète ne trouverait-il plus
un écho dans nos cœurs :

Venez, enfants, venez en foule!...
Venez autour de moi; riez, chantez, courez!
Votre œil me jettera quelques rayons dorés,
    Votre voix charmera mes heures. [rit,
C'est la seule en ce monde où rien ne nous sou-
Qui vienne du dehors sans troubler dans l'es-
    Le chœur des voix intérieures!... [prit

C'est donc au foyer conjugal que
la femme doit régner sans partage.
Hors de là son prestige ne peut que
s'amoindrir, et les compensations
que lui donnerait la vie publique ne

remplacerait pas la tranquillité de la vie domestique.

Est-ce à dire que la femme soit absolument incapable de s'occuper d'autre chose que de son ménage et de ses enfants?

Ce serait tomber dans l'excès contraire, et il se peut que les circonstances obligent la femme à sortir de sa réserve habituelle, mais ce sera exceptionnel ; nous nous occupons ici de la condition de la femme au point de vue général, tout en admettant que la règle souffre des exceptions.

III.

Lᴀ femme peut agrandir son rôle, sans abandonner pour cela ses devoirs d'épouse et de mère.

L'instruction n'est pas réservée uniquement aux hommes, et, dans des études sérieuses, la femme trouvera l'occasion de développer son intelligence.

Son influence n'en sera que plus prépondérante auprès de son mari.

Du reste, il ne faut pas nous y tromper : à l'heure actuelle, une impulsion nouvelle pousse la femme vers la science.

Au temps de Mme de Sévigné, la femme instruite était une rareté ; aujourd'hui l'instruction gagne rapidement, aussi bien chez la femme que chez l'homme.

A ce sujet, il serait peut-être curieux de rappeler la polémique qui a suivi, dans ces temps derniers, la réception de plusieurs jeunes filles aux examens de médecine et de droit.

L'opinion de la presse, en lui joignant les sages paroles d'un de nos plus éminents professeurs de l'École de droit, donnera une idée assez exacte de ce qu'il faut penser de l'éducation des femmes poussée à un degré supérieur.

Il est certain qu'une femme instruite verra son autorité considérablement augmenter près de son mari et qu'elle a donc tout intérêt à ne pas mépriser l'étude. Mais il faut qu'elle prenne garde de dépasser le but et de tomber dans le pédantisme.

De plus, il faut savoir allier à la science des éléments beaucoup plus modestes, mais tout aussi nécessaires pour que la tenue de la maison ne souffre pas des goûts plus développés de la femme pour le travail intellectuel.

Pour parer ce danger on n'a pas craint, dans les écoles de Paris, de créer à côté des études scientifiques un cours d'économie domestique, et, à ce sujet, M. Paul Strauss disait avec raison : « Ce n'est pas le moins du monde porter atteinte à l'ambition intellectuelle de la femme que de lui inculquer ces notions d'économie domestique. Un avocat des droits féminins, Mme René Marcil, a écrit spirituellement à ce propos, dans l'*Esprit de la femme*, un appel trop ironique : « Aux armes ! nos sœurs ! puisque jusqu'ici nous avons invoqué en vain nos droits, évoqué en vain nos douleurs, comptons davantage sur l'éloquence de la dinde servie à point ou les vertus du bœuf à la mode fin de siècle : en tout il ne s'agit que de s'entendre... Hé! hé! ce n'est déjà pas un si mince domaine que celui-là. Le gouvernement d'un intérieur n'est pas tant à dédaigner! Avec ce gouvernement-là, le sexe faible n'est pas si opprimé qu'il veut bien dire, d'autant plus que cette mission prosaïque n'exclut nullement un rôle plus relevé et plus doux tout ensemble... »

Voici pour l'économie domestique; mais ce n'est pas une raison pour exclure la femme des études élevées.

Que dit M. Colmet de Santerre à Mlle Bilcesco : « J'ai lu votre thèse si remarquable avec le plus grand plaisir. En soutenant ici devant cette Faculté une thèse de doctorat, vous avez répondu à cette question souvent posée, toujours discutée avec ardeur : Est-il utile que les femmes étudient le Droit?

» Vous avez démontré, Mademoiselle, que la réponse affirmative s'impose.

» Je vous l'avoue, je ne crois pas qu'il appartienne à la femme de remplir les fonctions pour lesquelles l'étude du droit est obligatoire. Je ne verrais pas avec plaisir les femmes dans la magistrature ou au barreau.

» Je sais que vous n'avez pas l'intention de briguer ces fonctions. Je sais aussi que vous ne voudriez pas figurer dans une chambre légiférante... Mais en appliquant l'esprit et l'intelligence d'une femme à l'étude d'une question qui intéresse la femme, la mère de famille, vous avez rendu le plus grand service à la chose publique. Quand les législateurs auront une enquête à poursuivre sur les droits de la femme, ils trouveront dans votre thèse de sérieux arguments. Ils auront en tout cas l'opinion d'une femme instruite, qui s'est sérieusement pénétrée des droits et des devoirs des femmes dans la société. »

La voix si autorisée de M. Colmet de Santerre prouve bien qu'il n'y a pas actuellement une opinion systématique qui s'oppose à l'élévation de l'instruction chez la femme, et, très

spirituellement, M. Arsène Alexandre, dans une de ses chroniques, fait
la remarque suivante :

« Sans doute, une invasion de
pédantes, de créatures à lorgnons,
sèches et hargneuses, reprenant à
chaque mot un brave homme de
mari, qu'elles considéreraient comme
un être inférieur, ne serait pas la
chose la plus agréable. Une femme
qui aurait un Code ou un Codex à la
place du cœur, qui, au lieu du gentil
gazouillis frivole et sonore que nous
aimons tant, n'aurait à la bouche que
des articles de droit ou des citations
de Velpeau, ne serait pas la compagne idéale. Mais ceci paraît être la
caricature, le vaudeville de la femme

savante en ce temps-ci. Pourquoi un peu de savoir lui ôterait-il de son charme inné? Cela reviendrait à dire qu'il nous est impossible à nous-mêmes d'être en même temps des gens instruits et de bons compagnons... »

Ces emprunts donnent une idée suffisante de l'absence complète d'opposition que trouvera la femme si elle veut s'instruire, mais cette bienveillance fera place à une opposition résolue de la part de l'homme, si la femme vise plus haut et cherche à prendre rang dans la vie politique.

Déjà vous avez lu l'opinion du professeur qui « ne verrait pas avec plaisir les femmes dans la magistrature et au barreau. »

Nous terminerons cette excursion dans les écrivains modernes par l'avis d'un critique qui, lui aussi, peut être considéré comme une autorité au point de vue de l'enseignement. Nous emprunterons d'autant plus volontiers ce passage à Francisque Sarcey que, suivant nous, il tranche la question d'une manière décisive :

« ... L'intrusion des femmes dans les professions réservées aux hommes va contre un des principes les mieux établis de l'économie politique : *l'utilité de la division et de la spécialisation du travail.*

« La femme a, de par la loi naturelle, un travail qui lui incombe à elle seule et qui prend la meilleure part de son temps et de ses forces : c'est de mettre au monde des enfants et de les élever. C'est là sa fonction spéciale, celle à laquelle il lui faut de toute nécessité revenir. Cette fonction, elle peut aisément la remplir en se livrant à certains travaux, qui sont de veiller au ménage, coudre, broder. Mais si elle aborde des occupations qui exigent un long apprentissage, de fortes études, une dépense énorme de travail et de forces, qui, en même temps, la tiennent sans cesse hors de la maison et loin des enfants, il est clair qu'elle viole la loi économique de la spécialisation du travail et qu'elle fait aux hommes, sur leur propre terrain, une concurrence qui est préjudiciable à la société tout entière.

» C'est la seule objection sérieuse que je voie à la mainmise des femmes sur les professions masculines. Mais cette objection n'arrêtera personne. La poussée d'opinion publique est trop forte. ».

Cet argument de M. Sarcey n'est-il pas irréfutable? Quant à s'effrayer de la poussée de l'opinion publique, est-elle réellement aussi irrésistible? C'est une vague qui viendra se briser contre le bon sens de toutes les mères de famille, et elle s'évanouira sans laisser une trace dangereuse de son passage.

Ce qui restera de ce courant de l'opinion actuelle, c'est que la femme peut mener de front et la tenue de la maison et l'étude des sciences; que cet effort de sa part aura le résultat heureux de donner à la femme un rang supérieur à celui qu'elle occupe aujourd'hui près de l'homme et qu'on arrivera à reconnaître que, si la femme n'est pas l'égale de l'homme, elle est (si l'on peut employer cette expression), son complément nécessaire.

Dans les pays arriérés, la femme est réduite à la condition de la bête de somme, et l'homme n'a pas à la consulter dans ce qui peut intéresser son avenir; dans les nations civilisées, l'homme sera, par le développement des facultés de la femme, conduit à la considérer de plus en plus comme son conseiller indispensable dans tous les actes de la vie.

N'est-ce pas là pour la femme un beau rêve à réaliser, et lorsque, sans avoir besoin de quitter le foyer domestique, elle saura que l'homme ne prendra, sans l'avoir consultée, aucune détermination grave dans les affaires publiques, aura-t-elle à regretter de ne pas faire elle-même acte de présence dans les assemblées et de ne pouvoir se mêler aux luttes de la vie politique?

Nous pouvons jeter un coup d'œil sur les résultats obtenus par les pays qui prétendent mettre en pratique cette théorie de l'égalité des deux sexes dans les fonctions publiques et politiques, et il est probable que cet examen ne modifiera pas notre manière de voir.

IV.

Que dit donc Alexandre Dumas fils, ce grand défenseur de la femme?[1] Nous pourrons comparer son opinion avec celle des étrangers.

« ... Quand la femme demande à ne pas être esclave de l'homme, et quand, en même temps, elle croit pouvoir être indépendante de l'homme, elle a tort.

« D'abord la femme n'est esclave de l'homme que quand elle veut bien,

---

1. *Les femmes qui tuent et les femmes qui votent.*

quand elle l'épouse, et rien, légalement, ne la force de l'épouser. Ensuite elle peut avoir une vie à part, indépendante de l'homme, puisque l'homme remplit certaines fonctions matérielles qu'elle ne peut remplir, et sans lesquelles sa vie à elle, sa vie à part, sa vie indépendante, comme elle le voudrait, n'aurait aucune sécurité, aucune possibilité d'être; ainsi l'homme est soldat et la femme ne l'est pas... De cet esclavage qui pèse sur l'homme et dont elle est dispensée, la femme ne parle pas. Cette dispense vaut cependant bien quelque chose. La femme est donc mal venue à demander son admission aux fonctions de juge civil ou de juré;

il n'y a pas plus lieu de lui accorder le droit de diriger l'État qu'il n'y a lieu de lui imposer le devoir de le défendre. Qu'elle soit soldat d'abord ; elle sera juge, consul ou juré ensuite... »

Telle est l'opinion d'un Français qu'on n'accusera pas dêtre hostile à la femme.

Encore un mot sur ce qui se passe en France.

Plus récemment, le congrès du Droit des femmes s'est réuni en 1889, et M. Vainker, avocat général près la cour de Poitiers, en fit l'objet de son discours de rentrée.

Écoutons l'opinion du magistrat sur la femme politique :

« Il est du moins un terrain sur lequel il est bien difficile de suivre les femmes, quant à présent, c'est le terrain politique. Les impatientes, en effet, prétendent devenir électrices, siéger dans les assemblées politiques, ne payer l'impôt qu'après l'avoir voté; leur ambition est de renouveler les mœurs, d'étouffer l'alcoolisme, d'assurer à jamais la paix, de sauver enfin la République, du moins elles l'affirment...

» Ces prétentions politiques ont été assez mollement défendues au congrès, et personne n'a contesté les graves et divers dangers qu'il y aurait à donner le droit de suffrage à un si grand nombre d'électrices si insuffi-samment préparées...

» Nos arrières-neveux n'auront cure de nos conseils et feront ce qu'ils voudront. Mais je m'imagine mal une femme mêlée au mouvement de la vie politique. Que les femmes commerçantes choisissent leurs juges, on peut l'admettre, puisqu'il ne s'agit là que d'intérêts matériels. Qu'elles aient voix dans les délibérations municipales comme les femmes d'Islande, de Suède, d'Angleterre même, soit encore; peut-être aurions-nous quelques surprises agréables; nos villes seraient plus coquettes, les pavés parfaits et les places fleuries. Mais la vraie politique est masculine.

La femme « virile » fréquentant les réunions publiques, haranguant le peuple *magnâ voce*, affrontant les luttes et les travaux de la vie politique perdrait, cela est vraisemblable, son charme, sa grâce et le respect dont elle est l'objet… Aristote disait : « Que ce soient les femmes qui gouvernent, ou que les gouvernants soient gouvernés par elles, je n'en vois pas la différence. » Plus d'un réformateur s'est rappelé, avant d'agir, que le sexe qui propose n'est pas toujours celui qui dispose… »

M. Vainker est autrement libéral que les chambres de commerce, consultées dernièrement relativement à l'électorat commercial des femmes,

car les chambres de commerce de
Paris, de Marseille, de Lyon, se sont
prononcées contre cette innovation.
M. Vainker va plus loin encore puisqu'il ne verrait pas d'inconvénient à
admettre les femmes dans les délibérations municipales (bien que cette
dernière concession soit accordée sur
un ton légèrement ironique).

Qu'ont fait de plus les autres pays
en faveur des droits politiques de la
femme? Nous parlions à l'instant des
droits municipaux de la femme en
Islande, en Suède, et (plus récemment), en Autriche, si nous nous en
rapportons à la décision prise en jan-
vier 1890 par la diète de la Basse-
Autriche; dans ces pays comme dans

les états nouvellement organisés, les droits de la femme ont-ils beaucoup augmenté?

Regardons du côté de l'Amérique : c'est là que nous devrions trouver comblés les désirs de nos orateurs féminins.

Cependant, si je consulte M. Auguste Noireau, qui passe en revue les droits politiques nouvellement acquis par la femme aux États-Unis, je vois qu'ils se réduisent presque dans tous les États aux mêmes droits accordés dans les nations européennes les plus favorables à la femme.

« ... L'organisme fédéral des États-Unis comprend, en dehors des quarante-deux États, cinq territoires, communautés politiques en voie de formation, jouissant d'une certaine autonomie locale, mais placées encore étroitement sous l'autorité du gouvernement fédéral. Dans *un* de ces territoires, le Wyoming, la législature a admis les femmes à voter pour l'élection de ses membres. Ce fait remonte à 1869 et fut enlevé par surprise... Dans l'Utah aussi, les femmes avaient été investies du droit électoral. Mais le gouvernement intervint et mit le holà... Lorsque l'État de Washington, à l'extrémité nord-ouest des États-Unis, n'était encore qu'un territoire, les femmes y obtinrent le droit de vote en 1883. Mais des décisions judiciaires les privèrent quelques années plus tard de cette conquête... »

Ainsi toutes les tentatives au point de vue politique échouent déjà après quelques essais infructueux, et cependant les essais ont été tentés dans des pays nouveaux.

Plus heureuses dans les questions municipales, les femmes jouissent de quelques avantages qu'elles n'ont pas en France, et ce sont précisément ces nouveaux droits que M. Vainker semblait vouloir leur abandonner.

« ... La cause de l'électorat féminin, dit M. Noireau, a eu plus de succès dans les élections municipales. Les femmes participent dans seize États aux scrutins pour l'organisation des écoles; dans douze, elles sont en outre éligibles pour les fonctions scolaires, inspection, comité de contrôle, etc. Dans deux États elles peuvent voter, mais non en personne, dans les scrutins ayant pour objet l'octroi des licences pour la vente des spiritueux. Enfin, dans le Kansas, elles prennent part aux élections municipales dans les communes de cinq cents habitants... »

Quant aux fonctions scolaires, il me semble que nous ne sommes pas très arriérés, et l'un des plus ardents propagateurs de l'instruction, M. Gréard, s'appuyant, du reste, sur

la loi du 19 juillet 1889, n'est nullement hostile à la nomination d'in-
spectrices, pas plus qu'il ne s'oppo-
serait à confier aux institutrices le
secrétariat des mairies, mais à la
condition « de laisser aux hommes la
direction des affaires d'administra-
tion générale et de toutes celles qui
touchent à la politique. »

Pour trouver un pays dans lequel
les femmes aient quelques droits en
dehors de ceux-là, il faut aller chercher, par exemple, le territoire de
Wyoming, déjà cité; c'est là que les
tentatives les plus hardies ont été
faites.

M. Noireau constate en effet que
« dans ce territoire la reconnaissance

des droits féminins a fait de tels progrès que les femmes peuvent faire partie du jury... »

Le résultat immédiat a été celui-ci : « Les accusés s'en plaignent vivement. Toutes les fois qu'il s'agit de jeu ou de boissons alcooliques, c'est à dire dans les neuf dixièmes des cas, les femmes-jurés sont, paraît-il, d'une férocité implacable. Pas un accusé n'échappe. Il en est tout autrement quand le jury n'est composé que d'hommes. L'indulgence est de règle. ... En résumé, l'expérience de l'électorat féminin n'a pas été sérieusement faite aux États-Unis... »

Il y a bien encore, en Océanie,

aux îles Célèbes, l'État de l'Ouad-
jou; les femmes, si nous en croyons
M. de Rienzi, prennent part aux
affaires et jouissent de droits égaux
à ceux des hommes.

J'omets certainement bien d'autres
pays que l'on pourrait citer comme
des exceptions, mais nous voyons
que la grande majorité des peuples
les plus civilisés ne semble pas dis-
posée à abandonner les traditions et
à laisser la femme prendre une pré-
pondérance politique; tandis que
pour les droits civils, commerciaux
et même municipaux, il y aurait une
tendance à augmenter le pouvoir de
la femme.

Oserai-je dire toute ma pensée?

Dans l'esprit de la femme, il y a, par dessus tout, un désir instinctif de posséder ce qu'elle n'a pas : son désir assouvi, elle oublie toute l'importance qu'elle avait attachée à l'objet de sa convoitise.

M. Noireau constate cet état de la femme aux États-Unis : « Au moins, une fois en possession de leur droit, les électeurs féminins l'exercent-ils avec zèle? Point. A Minneapolis, ville qui compte aujourd'hui deux cent mille habitants, à peine quelques centaines de femmes prennent-elles part aux élections scolaires. Il en est de même dans l'État de Massachusetts... »

Il y aurait bien encore une objection à présenter pour établir combien l'état psychique et physique peut se modifier, pour ainsi dire périodiquement, chez la femme, et la met dans une infériorité indéniable vis à vis de l'homme, mais il faudrait invoquer l'aide des livres de médecine, et il vaut mieux indiquer cette dernière objection sans donner des détails qui sortiraient du cadre de cette étude.

Cependant les témoignages des sommités de la science médicale sont là pour établir toutes les tribulations que la femme peut supporter et tous les troubles que ces souffrances peuvent apporter dans sa volonté... Faut-il citer la kleptomanie, la pyromanie, toutes ces monomanies, triste cortège des maux qui poursuivent le sexe féminin !

Et à tous ces tourments physiques, aux préoccupations de la maternité, de l'allaitement, de toutes les charges en un mot qui accablent la mère qui veut élever ses enfants, vous voulez ajouter les tracas de la vie politique? C'est demander l'impossible, et pas une femme ne résisterait à pareille tâche.

V.

ADMETTONS, pour un instant, que les droits publics et politiques soient accordés à la femme : une nouvelle question se posera forcément : toutes les femmes jouiront-elles des mêmes prérogatives, qu'elles soient libres ou sous l'autorité maritale?

Les pays dans lesquels les novateurs se sont efforcés de grandir le rôle de la femme se sont préoccupés de la solution à donner à cette question, et les avis sont très partagés.

Pour les uns, en Amérique par exemple, il n'y a pas lieu de distinguer entre la femme libre et la femme mariée; elles ont toutes des droits égaux; en Angleterre, au contraire, on inclinerait à réserver les droits civiques à la femme mariée.

Je comprendrais plutôt l'indépendance pour la femme libre et je m'explique moins facilement le rôle du mari dans un ménage où la femme partagerait le pouvoir. Il faudrait refondre tout notre code, lequel place la femme sous la protection de l'homme, à la condition pour celle-ci de lui obéir.

La femme, en se mariant, subit une espèce de *deminutio capitis*.

Tant qu'elle a gardé son indépendance, tant qu'elle s'est trouvée seule pour diriger ses intérêts, il a pu être nécessaire de lui laisser son entière liberté; mais il paraît plus difficile de maintenir cette situation le jour où elle consent à se marier. C'est une véritable abdication, abdication volontaire, comme le disait Alexandre Dumas, et, sauf le cas où sa profession ou ses occupations peuvent l'éloigner momentanément du foyer conjugal, avec l'autorisation de son mari, ses actes tombent sous le contrôle du chef de la communauté.

Celui-ci est l'administrateur et même le dispensateur de la fortune commune; il a la responsabilité de sa gestion ; il est donc juste qu'il garde la haute main dans cette association.

Ce qui est vrai au point de vue de l'existence matérielle et intime, reste vrai au point de vue civique et politique. La vie ne serait pas tenable dans un intérieur divisé par les questions publiques. Déjà l'on a des exemples trop répétés des désordres que peut causer dans les familles la question religieuse ?

Que de séparations, que de divorces dont la cause première est le désaccord existant entre le père et la mère sur l'éducation à donner à leurs enfants !

A ce sujet de discussion déjà brûlant, si vous ajoutez, pour la femme, le droit de se mêler de politique, le bouleversement sera complet.

Mais, à toute règle il y a des exceptions, et je reconnais que toutes les fois que la tranquillité du ménage ne courra pas le risque d'être troublée, il n'y aura aucun inconvénient à augmenter la liberté de la femme. C'est ce qui a lieu pour la femme commerçante ou celle qui occupe toute autre position dans les bureaux, soit même dans les carrières libérales : elle a certaines prérogatives qui sont inutiles pour la femme sans occupations extérieures, prérogatives nécessaires pour faciliter les relations d'affaires ou de commerce.

Faut-il aller jusqu'à donner à la femme commerçante le droit de nommer les juges des tribunaux de commerce? Nous avons vu que les chambres de commerce sont généralement d'un avis contraire. Si l'on acceptait cette proposition, il y aurait cependant des distinctions à faire, à mon avis, suivant que la femme serait mariée ou non.

Célibataire, elle n'a personne pour représenter ses intérêts; il en est de même dans le cas de veuvage. Mais si elle est encore en puissance de mari, ne serait-il pas préférable de déléguer ses pouvoirs à celui qui dirige la communauté?

Nous sommes là dans les exceptions et il ne faut pas nous y attarder.

Nous avons à discuter une thèse générale ; laissons les exceptions de côté.

La thèse se résume en ces termes : La femme doit-elle être admise aux droits publics et politiques? Occupons-nous donc de la femme, le terme étant pris dans son acception la plus générale.

Eh bien! après le rapide examen que nous venons de faire des avantages et des désavantages qui résulteraient de cette modification, je crois que la femme n'a pas d'intérêt à demander un changement dans sa manière d'être.

Je ne voudrais la voir mêlée ni

aux affaires publiques, ni aux discussions municipales. Sa place n'est pas là et elle perdra toute l'autorité qu'elle exerce d'une manière bien autrement efficace au foyer conjugal. Là il n'y a plus qu'un contradicteur, si les avis sont opposés, et il est plus facile à la femme de le vaincre que d'enlever un vote dans une assemblée. Son influence est tout autre vis-à-vis de celui qui partage son existence : ses raisons qui pourraient quelquefois passer pour puériles auprès des étrangers seront écoutées par le mari; elle a tout à gagner en plaidant sa cause sous le manteau de la cheminée et elle arrivera plus facilement à son but en éloignant son contradicteur des conseils des autres, surtout si ces autres conseillers sont des femmes.

C'est précisément cette jalousie innée dans le cœur féminin qui serait l'arme la plus dangereuse contre la femme politique. On ne tarderait pas, dans les assemblées, à tomber dans les coteries, déjà trop répandues dans les réunions d'hommes, mais qui deviendraient la règle générale avec l'introduction des femmes dans les questions gouvernementales.

Que demander de sérieux à des hommes qui se sentiraient tiraillés tantôt d'un côté, tantôt de l'autre, par les promesses des unes, par les

câlineries (il faut bien dire le mot)
des autres. Pour plaire à celle-ci,
on devrait déplaire à celle-là, et
l'homme, ne retrouvant plus au
foyer conjugal le calme nécessaire
pour reposer ses idées, ne rencon-
trant plus en face de lui qu'un nouvel
adversaire dans la personne de sa
femme, deviendrait le jouet et la risée
de l'opinion publique.

Laissons-donc la femme à sa vraie
place, c'est-à-dire au foyer domestique. En Grèce, à Rome, les femmes
agissaient-elles autrement ? Et cependant elles savaient élever leurs
enfants ; et leurs époux furent tour
à tour les maîtres du monde ; elles
laissaient aux courtisanes le soin de

de briller au Forum et dans les théâtres, distractions qu'elles trouvaient indignes d'une mère de famille.

Elles comprenaient que la femme a tout à gagner en restant la maîtresse chez elle. Elles se considéraient comme les égales de l'homme à la maison, et leur influence était autre sur leur mari que si elles l'avaient accompagné dans les assemblées délibérantes.

Il est si naturel pour l'homme de céder aux prières de sa femme, lorsqu'il est seul avec elle : les questions d'amour-propre qui le troublaient en public s'adoucissent en face de sa compagne, et celle-ci obtiendra de lui des concessions que l'homme

n'accorderait pas devant ses adversaires.

On peut donc dire que la force de
la femme consiste dans son isole-
ment.

A cette force qu'elle doit à l'atta-
chement de son mari pour elle, si
vous ajoutez une instruction sérieuse
et une intelligence habilement déve-
loppée, l'autorité de la femme devient une véritable puissance, et
c'est elle qui gouvernera sans avoir
la responsabilité.

VI.

CE serait encore une question à examiner que celle de la responsabilité. Être responsable d'un acte, c'est prendre la résolution de défendre cet acte et de l'exécuter coûte que coûte.

Les luttes entre hommes ne sont pas toujours des luttes purement oratoires, puisque souvent elles conduisent aux guerres les plus sanglantes.

Nous retombons alors dans l'écueil que nous avons signalé lorsque nous parlions de la force physique qui fait défaut à la femme. Les responsabilités féminines n'auraient donc pas de raison d'être, puisqu'elles ne pourraient pas être défendues. Où serait la sanction d'une loi qui resterait sans moyens d'exécution ?

L'obéissance, qui semble un joug si lourd à porter pour Mmes Astié de Valssayre, Louise Michel et autres adversaires de l'autorité masculine, comment ces dames l'obtiendraient-elles, n'ayant aucune garantie à offrir pour protéger ceux qu'elles voudraient dominer ?

Il ne suffit pas, encore une fois, de voter une loi : il faut la faire exécuter. Je sais bien que l'on répondra qu'il y

a eu des exemples de femmes gou-
vernant des États, qu'il y en a même
encore !

D'abord est-il bien certain que ces
femmes exceptionnelles agissent de
leur propre autorité, ou ne sont-elles
pas guidées, la plupart du temps,
par quelque conseil occulte, et ne
font-elles pas simplement qu'exécuter les ordres des assemblées qu'elles
gouvernent pour la forme ?

Il y a eu des Sémiramis, des Cléo-
pâtres, je le veux bien, mais ce ne
seront jamais que des exceptions que
vous pourrez opposer à une géné-
ralité.

La nature, croyez-le, a bien fait
les choses et le moral, dans l'espèce

humaine, est en rapport avec le physique : à l'homme elle a donné la force, le courage, l'honneur; à la femme la grâce, le dévouement et l'amour. Pourquoi vouloir intervertir les rôles?

Je prononce le mot honneur et ce n'est pas sans intention que je l'ai placé dans la part donnée à l'homme.

L'honneur qui doit être le guide de l'homme dans tous les actes de la vie, l'honneur sans lequel l'autorité n'est rien, est-ce que la femme le comprend comme l'homme? Est-ce qu'elle lui donne cette importance qui fait que sans lui l'homme n'est qu'un être méprisable?

Je ne veux pas dire que la femme

ne sache pas ce que c'est que l'honneur, mais elle ne le comprend pas de la même façon, et sa faiblesse lui permet de faire des concessions qui ne choquent personne, mais qui ne seraient pas admissibles de la part d'un homme : c'est encore parce qu'il lui manque la force pour se défendre !

Elle cherchera à transiger avec les devoirs impérieux de l'honneur, parce qu'elle sent qu'elle ne peut pas lutter en face, et puis, si, de plus, l'amour vient à se mêler de la partie, elle succombera sans remords, tandis que l'honneur, pour l'homme, a des règles inflexibles, et rien n'excuserait de sa part une défaillance.

Est-ce à dire que la femme soit

sans courage ? Loin de moi cette pensée ! Demandez-lui un effort passager : sa nature nerveuse la soutiendra et la conduira souvent à des actes de dévouement admirables ; mais, par cela même qu'elle a été surexcitée, elle retombera plus abattue.

Laissez - lui toutes les lourdes charges de la maison : là où l'emploi de la force n'est pas nécessaire, là où la persuasion et la douceur font plus que la colère, elle règnera en souveraine. Sortez-la de ce milieu, jetez-la au milieu des assemblées, elle sera désorientée, incapable de se défendre : tout cela, parce que physiquement et moralement elle n'a pas été créée pour ce rôle.

Voyez-vous cet être charmant et délicat condamné à oublier toutes les faiblesses de son sexe pour paraître en public, dominer de sa voix timide les cris de la foule !

Dans ces discussions où les hommes les plus robustes ont peine à résister, que deviendra-t-elle, la malheureuse créature ? Affolée, brisée par la fatigue physique, il lui faudra renoncer à une lutte impossible, et le seul argument qui lui restera pour vaincre ses adversaires, ce seront ses larmes.

J'en suis à me demander si les femmes qui réclament si énergiquement les droits de la femme connaissent bien les devoirs de la femme !

Elles me reviennent à la mémoire, les paroles de cette mère de famille qui s'écriait : « Il faut n'avoir pas d'enfants ou n'être pas mariée pour rêver à de pareilles chimères! » Et je crois que cette exclamation était l'expression juste de la vérité.

Les femmes qui font la propagande actuelle sont-elles mariées, ont-elle des enfants? Je l'ignore, mais si elles sont épouses et mères, j'admire la force de caractère qu'il leur faut pour pouvoir mener de front leurs campagnes électorales et l'éducation de leurs enfants : ce sont des natures exceptionnelles, certainement, car la tâche est immense.

Je comprendrais la révolte de la

femme si son rôle en ce monde était indigne d'elle; mais il n'en est pas ainsi, au moins dans les pays civilisés.

Ce n'est donc rien, que de consacrer sa vie à élever pour son pays des citoyens dignes de la défendre; de leur former l'esprit, de les rendre capables de succéder à leur père dans les fonctions publiques, dans les travaux les plus méritoires, dans les inventions les plus glorieuses?

Ce n'est donc rien que d'être la compagne d'un homme qui devra la plus grande partie de son éclat à celle qui n'a pas cessé de le soutenir, de l'encourager dans la lutte de la vie?

Dans ces conditions, la part échue à la femme n'est pas à dédaigner, et je ne vois pas ce qu'elle gagnera à remplacer les joies de la vie domestique par les agitations des luttes politiques et même municipales.

Il est permis de se tromper, mais depuis que le monde existe, bien des peuples se sont succédé et ont disparu tour à tour, après avoir atteint leur apogée, et je ne vois pas que l'Histoire rapporte que les nations les plus florissantes aient été jamais gouvernées par la femme, sauf par exception.

La science et le progrès peuvent modifier les intelligences et les perfectionner ; elles peuvent également améliorer les forces physiques ; mais de là à renverser l'ordre de la nature il y a loin, et les lois qui gouvernent l'Univers resteront immuables.

CONCLUSION

CONCLUSION

—

Je me résume.

Le but de cette étude était de rechercher si le rôle de la femme doit être modifié et s'il est utile de lui donner des droits publics et politiques.

Je ne pense pas que les efforts doivent être dirigés de ce côté et je crois que nous avons suffisamment prouvé que la femme, par sa nature, n'est pas destinée à entrer dans cette nouvelle voie.

Lui faciliter, dans la mesure la

plus large, les moyens de développer son instruction et son intelligence, lui réserver toutes les places qu'elle peut occuper sans avoir à abandonner les soins du ménage ; la préférer à l'homme pour tous les emplois qui n'exigent pas des efforts au-dessus de ses forces, rien de mieux.

De nombreuses administrations ont déjà donné l'exemple et ne se plaignent pas d'avoir remplacé, dans certaines fonctions, les hommes par les femmes : il en est ainsi pour les guichets de chemin de fer, le timbre, le service de certains rayons dans les magasins de nouveautés (on citait encore, en Allemagne et en Russie, les pharmacies tenues par des femmes) :

toutes ces innovations sont bonnes.

Dans les carrières libérales, nous avons également les femmes qui s'adonnent à la peinture et à la sculpture, et bientôt on ne s'étonnera plus de voir les femmes exercer la médecine en concurrence avec les hommes, principalement pour soigner les femmes et les enfants.

Donc aucune restriction à faire entre ce nouveau courant qui permet à la femme d'utiliser son instruction, qui lui permet de vivre honorablement de son travail. Rochefort défiait l'ouvrière de rester honnête à Paris, et il n'avait peut-être pas tort à ce moment-là. Il ne faut plus que cette triste prophétie reste une réalité.

Mais transporter la femme sur la scène politique, c'est une autre question et je me rangerai alors du côté le moins libéral; je ne suivrai même pas M. Vainker dans ses concessions et je n'admettrai pas plus la femme dans les conseils municipaux qu'à la Chambre des députés; le seul point sur lequel je me trouverai d'accord avec l'honorable magistrat, c'est d'admettre la femme à élire ses juges commerciaux lorsqu'elle sera libre ou veuve.

Les essais tentés par les peuples les plus progressistes ne sont pas assez encourageants pour nous décider à rompre avec le passé, et les avantages que la femme gagnerait à sa transformation ne nous paraissent pas tellement certains que nous puissions l'engager à tenter semblable expérience.

Que voulez-vous ! Il y a des préjugés que vous ne pourrez pas vaincre : il y a notamment certaines professions qui demandent une discrétion et une confiance que ne donnera pas la femme, la profession d'avocat par exemple.

On a parlé de laisser plaider les femmes ; plaider, passe encore ! mais recevoir, amener les confidences les plus délicates, les plus secrètes? Comment veut-on que la femme remplace l'homme dans ce ministère si difficile, qui demande non seulement une certaine science, mais une profonde expérience que je serais désolé de trouver dans une femme.

L'avocat doit connaître l'anatomie du cœur humain comme le médecin a su étudier les maladies du corps, et si la femme peut encore traiter les malades, et principalement les personnes de son sexe, elle sera bien autrement embarrassée lorsqu'elle se trouvera en face des passions humaines qui, pour être soignées d'une manière sérieuse, demandent des connaissances qui ne sont pas, qui ne peuvent pas être de la compétence de la femme : L'humanité a de vilains côtés, si elle en a de bons, et il ne faut pas que la femme puisse pénétrer des mystères qui sont indignes de sa pudeur naturelle.

Je n'ai pas parlé du prêtre, parce que les revendications de la femme n'en sont pas encore là ; mais serait-il plus extraordinaire de voir, dans certaines religions, la femme recevoir une confession que de l'entendre, comme avocat, interroger un homme sur les détails les plus secrets de sa vie privée?

Il y a eu des femmes exerçant le ministère des prêtres, mais, en ces temps-là, il s'agissait uniquement d'offrir des sacrifices aux dieux, et le secret professionnel n'était pas en jeu.

J'ai cité les prêtres et les avocats pour montrer combien on arriverait facilement à l'absurde en voulant trop demander.

Ce qui est peu soutenable pour ces deux professions ne serait guère plus réalisable pour le conseiller municipal, le député ou le magistrat. Là encore il manquerait à la femme investie de pouvoirs publics ou politiques l'arme indispensable, je veux dire l'autorité, et nous avons vu que l'autorité ne peut se maintenir que parce qu'au besoin elle peut s'appuyer sur la force.

Enfin, cette utilité de division et de spécialisation du travail dont parlait Francisque Sarcey, que deviendra-t-elle si la femme prend la place de l'homme?

Il faudra faire un chassé-croisé et envoyer l'homme remplacer la femme dans l'accomplissement de devoirs pour lesquels il n'a pas été précisément créé!

Nous le voyons : en poussant le raisonnement à ses dernières limites, nous tombons dans le ridicule.

Il faut en revenir, bon gré mal gré, à la vieille maxime bretonne, tout en profitant des progrès que nous trouvons dans notre civilisation plus moderne : « Femme, si doit garder l'hôtel, le feu et les enfants, » et j'ai la conviction que nous ne serons pas plus malheureux que nos ancêtres

qui, eux, savaient respecter la femme
parce que la femme, elle aussi, con-
naissait ses devoirs et se contentait
de régner au foyer domestique, sans
réclamer des droits publics et politiques qui n'ont rien à faire avec la
mission qu'elle doit remplir en ce
monde.

FONTAINEBLEAU. — E. Bourges, imp. breveté.

www.ingramcontent.com/pod-product-compliance
Ingram Content Group UK Ltd.
Pitfield, Milton Keynes, MK11 3LW, UK
UKHW020916120726
13693UKWH00003B/1042